DIE BESTEN MARILLEN-REZEPTE

Servus

Das kleine Buch

DIE BESTEN MARILLEN-REZEPTE

Von Lisl Wagner-Bacher

Inhalt

Vorwort

Wenn man mich fragt, was in der Wachau zuerst da war: Hauben oder Marillen, dann ist die Antwort vollkommen klar. Ganz abgesehen von den Traditionen der Wachauer Trachten kam vor den Hauben von Gault Millau ohne Zweifel die Wachauer Marille.

Dass ich mich dieser besonderen Marille in dem folgenden Büchlein widmen darf, ist Ehre wie Herausforderung. Denn abseits von Marillenpalatschinken und Marillenknödeln, zwei Ikonen der österreichischen Nachspeisen, ist die ebenso wunderschöne wie wunderbare Marille in der Küche so vielseitig anwendbar wie selten etwas, was bei uns in Österreich wächst. Weil ich gerade das Wort »besonders« gebrauche – tatsächlich sind es einige Umstände, welche die Wachauer Marille gegenüber ihrer Verwandtschaft aus Ungarn, der Steiermark oder auch aus Frankreich zur Auserwählten machen. Mehr darüber lesen Sie im Anschluss an dieses Vorwort.

In meiner Küche ist die Wachauer Marille immer schon eine wertvolle und liebgewonnene Begleiterin. Ich kombiniere sie mit Leber, mit Wild und sogar mit Fisch. Dabei achte ich auf den zum Gericht passenden Reifezeitpunkt. Natürlich muss es einen Unterschied geben zwischen Marillen, die zu Marmelade verarbeitet werden, und Marillen, welche mit einem Braten vom Reh kombiniert werden.

Lassen Sie sich jetzt in die Welt der Wachauer Marille einführen, spazieren Sie mit mir durch die reizvolle Landschaft der Wachau, besuchen wir gemeinsam einen meiner Lieblings-Lieferanten und folgen Sie den Rezepten, welche die vielfältigen Vorzüge dieser Wachauer Schönheit auf den Teller bringen.

Herzlichst, Ihre Lisl Wagner-Bacher

Eine echte Wachauerin

Ich erinnere mich gerne an die Zeit, als mein Vater Hans Bacher das Gasthaus in Mautern führte, das später auch meine Heimat wurde. Ich ging nicht in die Welt hinaus, sondern holte die Welt zu uns nach Hause. Bleiben wir noch ein wenig in den alten Zeiten. Die Wachau von damals ist mit der Wachau von heute kaum zu vergleichen. Von manchem gab

es damals weniger, von anderem gab es reichlich. Zu meinen schönsten Erinnerungen zählt jene an den jährlich verlässlich eintretenden Überfluss an Marillen, der dem Vater mehrere Wochen Gäste aus ganz Österreich bescherte. Diese Gäste waren Marillenhändler, die aus der Steiermark und aus Vorarlberg kamen und während der Zeit der Marillenernte in Mautern Station machten.

Der Geschmack der Kindheit

Die Marillenbauern lieferten ihre Ernte ab, bekamen einen (nicht zu hohen) Sold, während die Händler für den Weitertransport der Marillen sorgten. Ich erinnere mich noch gut, dass der Papa sogar Telefonleitungen in die Quartiere der Händler legen ließ. So wichtig waren sie und ihr Geschäft damals, in den späten Fünfziger- und den Sechzigerjahren. Wie gesagt: Wachauer Marillen gab es reichlich und niemand wusste damals, dass wir es mit den besten Marillen der Welt zu tun hatten. Sie waren einfach da. Auch unsere Familie besaß Marillenbäume.

Der Vater überließ es meiner Schwester und mir, die Ernte aus den elterlichen Marillenbäumen zu vermarkten. Offenbar waren wir beide recht tüchtig, denn schon bald konnten wir uns eigene Pflücker leisten und mussten nicht selbst die Bäume hochklettern. Der Vater hatte uns allerdings verpflichtet, sozusagen als Pacht, so viele Marillen ans Gasthaus zu liefern, wie er brauchte. Denn Marillenknödel waren schon damals der Hit und viele Gäste kamen wegen ihnen ins Gasthaus nach Mautern. Sie kamen aber auch wegen des Wachauer Marillenstrudels oder wegen des Marillenkuchens, serviert mit einer Haube aus gebackenem Eischnee. Auch heute noch eine beliebte Jause und nicht nur bei Großmüttern.

Die »Frost-Sirenen«, mit denen Alarm geschlagen wurde, wenn Bodenfrost die Marillenblüte bedrohte, habe ich jetzt noch in den Ohren. Eine davon befand sich direkt vor meinem Schlafzimmer. Ich fiel jedes Mal fast aus dem Bett, wenn diese Sirene ertönte. Von den Sirenen ebenfalls geweckt, liefen die Obstbauern in ihre Gärten und zündeten zwischen den Bäumen Feuer an. Mit dem Rauch wollte man den Frost vom Boden und von den Bäumen fernhalten. Eine aus heutiger Sicht etwas radikale Methode. Aber es half. Und sechs bis acht Wochen später gab es beim Bacher die herrlichen Marillenknödel.

Eine große Diskussion gab es damals immer um die Frage: Erdäpfelteig oder Topfenteig. Man kann darüber in der Tat

trefflich streiten. Ich selbst habe schon vor langer Zeit die Entscheidung für den Topfen getroffen. Der Teig ist einfach leichter und bekömmlicher. Darüber hinaus bringt der Topfen die milchige Säure ins Spiel, die den perfekt gereiften Marillen gut bekommt.

Einen guten Namen gemacht

Einige Jahrzehnte später waren die Marillenhändler verschwunden. Die Bauern hatten gelernt, dass ihnen vom Verkauf auf der Straße mehr blieb. Langsam begriffen die Wachauer und die Marillenbauern auch, welchen Schatz ihnen die Natur jeden Frühsommer bescherte. Die Wachauer Marille wurde zum Kultobjekt unter den Sommerfrüchten. Schließlich wurde sie sogar zu einer Marke, zu einem Produkt, das sogar EU-rechtlich geschützt ist. Aber was so gut schmeckt, hat sich auch besondere Behandlung verdient.

Als ich das Haus Ende der Siebzigerjahre übernahm und erste Versuche in der Küche wagte, war mir rasch klar, dass Wachauer Marillen nicht nur als Nachspeise oder Marmelade taugen. Ihre Fruchtigkeit und ihre Säure machen sie zum idealen Begleiter zu einem sommerlichen Gericht wie Rehrücken oder auch zur Gänseleber. Mittlerweile serviert Thomas im Restaurant Marillen auch mit taufrischen Langostinos und schlichtet sie zwischen Haut und Fleisch von saftigen Hühnern. Wie die Marille in der Küche eingesetzt wird, hängt vor allem davon ab, wie reif sie ist. Was Thomas (und mir) nicht in die Küche kommt, sind unreife Marillen, wie sie schon Anfang Juni auf vielen Märkten zu finden sind. Diese kommen mit Sicherheit nicht aus der Wachau, denn die hiesige Marille braucht zum Wachsen etwas Zeit und ist erst im Juli zu haben. Für uns im Landhaus Bacher sorgt die Wachauer Marille im Juli für einen alljährlich wachsenden Gästestrom. Hinter der Bezeichnung »Wachauer Marille« stecken übrigens ausnahmslos regionaltypische Sorten. Hauptsächlich wird die Variante »Klosterneuburger« (»Ungarische Beste«) angebaut. Was die Wachauer Marille abgesehen von der Sorte so einzigartig macht, ist, was die Weinexperten mit dem schönen Namen »Terroir« bedacht haben. Man versteht darunter das Zusammenwirken von Böden, Klima und der Arbeit der Bauern, in diesem Fall der Obstbauern und nicht der Winzer. Der Wachauer Marille bekommt gut, was auch den Weinen aus der Wachau gut bekommt. Es ist die Donau, die für ein unvergleichliches Mikroklima sorgt. Einmal kühl und frisch, dann wieder warm und sommerlich heiß.

Reifeprüfung

Doch wesentlich für den Erfolg eines Erntejahres ist auch die mühevolle Arbeit der Marillenbauern, die ihre Bäume gegen zu viel Feuchtigkeit schützen müssen und dafür Sorge tragen, dass die Marillen genügend Sonne bekommen. Denn die Marille liebt die Sonne. Wie übrigens ich auch. Vielleicht verstehen wir uns deshalb so gut.

Einer meiner wichtigsten Lieferanten in allen Angelegenheiten rund um die Wachauer Marille ist der Obstbauer Franz Reisinger. Er liegt preislich ein kleines bisschen über den anderen Wachauer Marillenbauern, aber seine Marillen sind es wert. Wer ihn in seinen Gärten besucht, versteht auch gleich, warum. Wenn Reisinger sagt, es wäre vor allem die Sorte, auf die es ankäme, stellt er sein Licht unter den Scheffel. Reisinger arbeitet wie viele andere Wachauer Marillenbauern mit alten Sorten, also Kegelmarillen, Ovalmarillen oder Ananasmarillen. Von der Hege der Bäume bis zur

Ernte im Juli widmet er sich mit Gefühl und Augenmaß nichts anderem als seinen Marillen. Er hat die Bäume so geschnitten, dass jede Marille genügend Licht und Sonne abbekommt.

Wie ein guter Winzer arbeitet er nach der Devise, dass es mehr auf die Qualität als auf die Menge ankommt. Deshalb wird im Frühjahr ausgedünnt. Das Ergebnis sind große, vor Kraft und Aroma strotzende Marillen. Fallobst ist für Reisinger tabu. Jeden Tag werden die Marillen mit Auge und Tastsinn überprüft. Die ideal gereifte Marille darf nicht zu breit sein, sie muss noch ein wenig rollen. Reisinger experimentiert auch und hat jetzt oben am Jauerling Marillen angepflanzt.

Nicht ohne meine Marmelade

Diese Marillen haben es härter mit den Temperaturen, profitieren nicht vom einzigartigen Klima der Wachau und sind von kleinerem Wuchs, aber von noch aussagekräftigerem Aroma. Reisingers wie auch die Marillen anderer Wachauer Bauern eignen sich wie keine anderen für die Zubereitung von Marillenmarmelade. Wer schon einmal im Landhaus Bacher Gast war, weiß, dass Marillenmarmelade bei uns vom Frühstück bis zu den Nachspeisen eine Hauptrolle spielt.

Wenn Marillen zum Marmelademachen ins Haus kommen, arbeiten wir alle mit Hochdruck. Jetzt darf keine Zeit verloren werden. Denn die Marillen für die Marmelade haben den idealen Zeitpunkt ihrer (Über-)Reife erreicht, sind fast schon am Zerfallen, haben einen Hauch von Oxidation an sich und eignen sich weder für längere Aufbewahrung noch zum Transport. Wir verzichten auf lange Einkochzeiten und auf alle Geliermittel. Etwas Zucker muss reichen. Wie es Franz Reisinger sagt: »Die Wachauer Marille zeigt uns jedes Jahr, was sie kann.« Das ist nicht wenig und deshalb muss man nicht viel damit machen, damit aus ihr eine Marmelade wird, nach der sich Palatschinken-Esser alle Finger abschlecken.

Wenn ich ein Glas Marillenmarmelade zu Freunden als Geschenk mitbringe, kann ich mir sicher sein, dass die Freude groß ist.

Bei der Zubereitung von Marillenröster ehren wir die Arbeit der Wachauer Obstbauern, indem wir in der Küche eine kleine Fleißaufgabe erledigen, nämlich das Schälen der Marillen. Damit der Röster noch feiner, noch delikater wird, legen wir die geschälten Marillen in den Saft von gekochten Marillen ein. Im Winter gibt es nichts Besseres als Begleitung zum Topfenschmarrn. Die Landhaus-Bacher-Gäste sind süchtig danach. Ich kann sie gut verstehen.

Rezepte

Marillentörtchen

ZUTATEN FÜR 4 PERSONEN

- 4 Mürbteig-schüsserl
- 400 g Marillen
- 50–100 g Zucker (je nach Reife der Marillen)
- 4 cl Marillenlikör

Gratinmasse:
- 40 g Butter
- 20 g Staubzucker
- 2 Eidotter
- 125 g Topfen
- 2 Eiklar
- 30 g Kristallzucker
- 1 Msp. Salz
- ½ Vanilleschote ausgekratzt
- Geriebene Schale von ¼ Zitrone

Vanillesauce:
- 250 ml Milch
- 250 ml Obers
- 100 g Staubzucker
- 8 Eigelb

ZUBEREITUNG

Mürbteig 4 mm dick ausrollen. Über gebutterte Tarletteformen legen, hineindrücken und ein paar Mal anstechen. 1 Stunde im Kühlschrank rasten lassen. Anschließend im Rohr bei 180° goldbraun backen.

100 g Marillen entkernen, mit Zucker und ganz wenig Wasser kurz aufkochen, passieren und kalt stellen. Die übrigen Marillen entkernen und in Spalten schneiden. Mit Marillenlikör und etwas Marillenmark marinieren und in die vorgebackenen Mürbteig-schüsserl füllen.

Für die Gratinmasse Butter und Staubzucker schaumig rühren. Nach und nach die Eidotter unter ständigem Rühren zufügen, dann den Topfen dazugeben. Eiklar mit Kristallzucker aufschlagen und unter die Masse

rühren. Mit Salz, Vanille und Zitrone abschmecken. Anschließend auf die gefüllten Mürbteigschüsserl geben und im Rohr bei 175° 12 bis 15 Minuten backen.
Für die Vanillesauce Milch, Obers und Staubzucker vermengen und aufkochen, die Eigelb einrühren und zur Rose abziehen, also über Dampf so lange rühren, bis die Masse cremig wird.
Mit der Vanillesauce auf den Tellern einen Spiegel setzen. Die Törtchen in der Mitte anrichten und mit dem übrigen Marillenmark umgießen. Mit einem kleinen Holzstäbchen ein Schlingmuster ziehen.
Als Garnitur passen auch sehr gut geröstete Mandelsplitter und Vanilleeis; eventuell mit Mandellikör verfeinern.

ZUTATEN

- 200 g Butter
- 400 g Mehl (Meister)
- 130 g Staubzucker
- 1 Msp. Vanillezucker
- 2 EL Milch
- 1 Msp. Salz
- 1 Eigelb

ZUBEREITUNG MÜRBTEIG

Weiche Butter, Mehl, Staubzucker, Vanillezucker, Milch, Salz der Reihe nach in den Rührkessel geben, zum Schluss das Eigelb dazugeben und alles mit dem Rührarm zu einem glatten Teig rühren. 6 bis 8 Stunden durchkühlen lassen.
Die Menge ist für mehr als 4 Schüsserl, lässt sich aber gut aufbewahren und anderwärtig verwenden.

Tipp

Wenn Sie den Teig für die Schüsserl ausrollen, die Formen leicht buttern, den Teig hineinlegen, anstechen und 4 bis 5 Stunden im Kühlschrank rasten lassen, dann rutscht er am Rand nicht hinunter und lässt sich mühelos backen.

Frischkäsetorte mit Mandeln und Marillen

ZUTATEN

- 150 g Biskotten
- 125 g Butter
- 2 EL Mandeln gemahlen
- 100 g Marillenmarmelade
- 300 g Marillen
- 500 g Frischkäse Doppelrahmstufe
- 300 g Joghurt
- 3 EL Zitronensaft
- 6 Blatt Gelatine
- 85 g Zucker
- 50 g Mandeln gehobelt

ZUBEREITUNG

Biskotten in einen großen Gefrierbeutel füllen, diesen verschließen und den Inhalt mit einem Nudelholz oder den Händen vollständig zerbröseln. Butter in einem kleinen Topf schmelzen, mit den Bröseln und den gemahlenen Mandeln vermischen, anschließend mit einem Löffel in eine mit Backpapier ausgelegte Springform drücken. Den Boden behutsam mit Marillenmarmelade bestreichen. Frische Marillen putzen, entkernen und bis auf 2 Stück in Spalten schneiden. Frischkäse, Joghurt und Zitronensaft mit dem elektrischen Handmixer vermengen. Gelatineblätter in 150 ml kaltem Wasser 10 Minuten einweichen. 75 g Zucker hinzufügen und alles unter Rühren erwärmen, bis sich

die Gelatine und der Zucker gelöst haben. Anschließend mit dem elektrischen Handmixer zügig in die Frischkäse-Creme einrühren.
Ein Drittel der Creme auf den Bröselboden in die Springform füllen.
Geschnittene Marillen im Kreis auflegen. Restliche Creme einfüllen und die Torte mindestens 3 Stunden kühlen.
Vor dem Servieren den Backofen auf 150° (Umluft) vorheizen.
Die gehobelten Mandeln mit 1 EL Zucker mischen, auf einem mit Backpapier belegten Backblech verteilen und 5 bis 10 Minuten goldbraun rösten.
Abkühlen lassen und auf die Torte streuen. Marillen in Spalten schneiden und auf die Torte legen.

Marillenkuchen

ZUTATEN FÜR 6–8 STÜCK

- 240 g Butter
- 200 g Zucker
- Mark von 1 Vanilleschote
- Prise Salz
- 4 Eier
- 200 g Mehl
- 60 g geschälte Mandeln, geröstet und gerieben
- 1 TL Backpulver
- 1,5 kg Marillen

Streusel:

- 100 g Mehl
- 100 g Mandelmehl weiß
- 140 g Butter
- 70 g Zucker

ZUBEREITUNG

Butter mit Zucker, Vanillemark und einer Prise Salz sehr schaumig schlagen, Eier dazugeben und weiterschlagen, Mehl, Mandeln und Backpulver unterheben und ca. 3 bis 4 cm hoch in eine rechteckige Form füllen, mit halbierten Marillen (Schnittfläche nach oben) belegen und mit Streusel bestreuen. Bei 170° ca. 35 Minuten backen.

ZUBEREITUNG STREUSEL

Zutaten verkneten und ca. 1 Stunde kühl stellen, mit einem groben Reibeisen über den Marillenkuchen reiben.

Mandelroulade mit Marillenmarmelade

ZUTATEN FÜR 6–8 STÜCK

- 7 Eier
- 120 g Staubzucker
- 120 g glattes Mehl
- Prise Salz
- 200 g Marillenmarmelade
- 100 g Mandelblättchen
- 250 ml Schlagobers

ZUBEREITUNG

Eier, Zucker und Salz sehr schaumig rühren, dann schnell das Mehl unterheben.

Die Masse 2 cm dick auf ein mit Backpapier ausgelegtes Blech streichen und bei 165° 8 bis 10 Minuten backen. Jedes Backrohr backt anders, also ein bisschen im Auge behalten.

Anschließend auf ein mit Zucker bestreutes Backpapier oder Geschirrtuch stürzen. Backpapier mit kaltem Wasser kurz bestreichen und vorsichtig abziehen.

Biskuit mit hausgemachter Marillenmarmelade bestreichen, mit gerösteten Mandeln bestreuen und einrollen.

Mit Staubzucker bestreuen und mit Schlagobers und Mandeln garnieren.

Marillenknödel

ZUTATEN FÜR 12 KNÖDEL

- 70 g Butter
- 1 Ei
- 250 g Topfen
- 70 g Grieß
- 70 g Mehl
- 12 reife Marillen
- 12 Stück Würfelzucker
- 1 TL Salz
- Schuss Rum, je nach Wasser 2 bis 4 cl
- ½ Vanilleschote ausgekratzt

Brösel:

- 350 g Butter
- 500 g Brösel
- 100 g Zucker

ZUBEREITUNG

Butter schaumig rühren, das Ei dazugeben (schaut zerronnen aus, macht aber nichts), den Topfen leicht unterrühren, Grieß und Mehl mit der Hand unterrühren. Zu einer Rolle mit 7 cm Durchmesser formen, in eine Folie wickeln und mindestens 3 Stunden im Kühlschrank rasten lassen.
Mit einem Kochlöffel die Kerne aus den Marillen entfernen und je ein Stück Zucker dazugeben.
Den Teig in 5 mm dicke Scheiben schneiden, damit die Marillen einschlagen und mit nassen Händen zu Knödeln formen. Die Knödel in leicht gesalzenem Wasser mit einem Schuss Rum und Vanille 20 Minuten köcheln lassen (in kochendes Wasser einlegen und dann sofort schauen, dass sie nur köcheln).

ZUBEREITUNG BRÖSEL

Für die Brösel die Butter in der Pfanne zergehen lassen, Brösel, etwas später Zucker dazugeben und auf kleiner Flamme goldbraun rösten, zum Schluss nochmals 5 Minuten im Rohr bei 170° nachrösten.

Die Knödel in den Bröseln wälzen und anrichten: Brösel darüberstreuen, zuckern und nach Wunsch mit etwas zerlassener Butter servieren.

Sauerrahmschmarrn mit Marillenröster

ZUTATEN FÜR 2 PERSONEN

- 300 g Sauerrahm
- 1 TL Vanillezucker
- 4 Eigelb
- Saft von einer halben Zitrone
- 1 ½ EL Mehl
- 100 g Obers
- 4 Eiweiß
- 1 ½ EL Zucker

ZUBEREITUNG

Sauerrahm, Vanillezucker, Eigelb, Zitrone, Mehl und Obers mischen, Eiweiß mit Zucker aufschlagen, aber nicht überschlagen. Unter die Sauerrahmmasse heben. Die Masse in die heiße Butterpfanne gießen und im Ofen bei 170° 16 Minuten backen. Zum Schluss wenden, am Herd zerreißen, mit Zucker bestreuen und etwas karamellisieren.
Mit Walnüssen und Marillenröster (siehe Seite 56) servieren.

Griessstrudel mit Marillenröster

ZUTATEN FÜR 4 PERSONEN

- 75 g Butter
- 1 Msp. Salz
- 3 Eidotter
- 100 g Grieß
- 125 g Sauerrahm
- 3 Eiklar
- 20 g Kristallzucker
- 100 g Butter für Strudelblatt
- Schuss Rum
- 10 Fäden Wachauer Safran
- ½ Vanillestange
- 6 EL Butterbrösel oder als Alternative 2 EL Staubzucker und 2 EL gemahlener Blaumohn gemischt
- 2 EL zerlassene Butter

ZUBEREITUNG

Butter mit Salz schaumig rühren, nach und nach die Dotter dazugeben.
Unter diese schaumige Masse den Grieß und den Sauerrahm unterrühren.
Das Eiklar mit Kristallzucker steif schlagen und vorsichtig unter die Masse heben. Den Strudelteig auf ein leicht befeuchtetes Tuch legen (damit er nicht austrocknet), mit Butter bestreichen, dann zu 2/3 die Grießmasse auf den Teig streichen und diesen zusammenrollen.
Der Strudel wird dann in leicht siedendem Salz-Rum-Safran-Vanille-Wasser gekocht. Durch den Safran bekommt der Strudel einen besonderen Geschmack und eine schöne Farbe.
Auf jeder Seite ca. 8 bis 10 Minuten ganz leicht köcheln bzw. ziehen lassen.

Die Brösel (siehe Seite 39) über den gekochten Strudel geben und mit Butter übergießen. Oder mit der Mischung aus Zucker und Mohn bestreuen und mit Butter übergießen.

Mit Marillenröster (siehe Seite 56) anrichten und servieren. Nach Belieben mit Mandelschaum verfeinern.

ZUTATEN

- 2 Eidotter
- 1 EL Zucker
- 125 ml Süßwein
- 2 cl Amaretto

ZUBEREITUNG MANDELSCHAUM

Die Zutaten mischen, über Dampf warm schlagen und mit dem Grießstrudel servieren.

Milchrahmauflauf mit eingelegten Marillen

ZUTATEN FÜR 6 PERSONEN

- 200 g Brioche
- 375 ml Milch
- 100 g Butter
- 90 g Staubzucker
- 5 Eidotter
- 100 g Topfen passiert
- ½ Vanilleschote ausgekratzt
- Schale von ½ Zitrone
- 125 ml Sauerrahm
- 5 Eiklar
- 40 g Kristallzucker
- 6 Blatt Strudelteig mit einem Durchmesser von 17 cm
- 36 eingelegte Marillenhälften

ZUBEREITUNG

Die würfelig geschnittenen Brioches mit der Milch befeuchten. Butter, Staubzucker, Eidotter, Topfen, Vanille und etwas geriebene Zitronenschale schaumig rühren, nach und nach den Sauerrahm, die Eiklar und die Briochewürfel beigeben. Zum Schluss den mit Kristallzucker ausgeschlagenen Schnee locker darunter ziehen. Souffléformen ausbuttern, mit dem Strudelteig auslegen, füllen, oben zusammenschlagen und im Rohr bei 190° ca. 20 Minuten backen.

Mit Vanillesauce (siehe Seite 26) und eingelegten Marillenhälften garnieren.

Marillenpofesen mit Vanillesauce

ZUTATEN FÜR 4 PERSONEN

- 8 Scheiben Brioche entrindet
- 4 EL Marillenmarmelade

Royal:
- 1 Ei
- 2 Dotter
- 20 g Staubzucker
- 200 g Obers
- ½ Vanilleschote
- Erdnussöl, je nach Topf (das Fett muss 3 cm hoch sein)

Vanillesauce:
- 250 ml Milch
- 250 ml Obers
- 100 g Staubzucker
- 8 Eigelb

Sauerrahmeis:
- 250 ml Sauerrahm
- 50 g Staubzucker
- 2 cl Zitronensaft
- 10 g Milchpulver

ZUBEREITUNG

Brioche in 5 mm dicke Scheiben schneiden, mit Marillenmarmelade bestreichen und zusammenkleben. Für das Royal alle Zutaten gut verrühren. Die Pofesen im Royal wenden und in heißem Fett – ich verwende dafür Erdnussöl – backen. Die Pofesen in 3 cm breite Streifen schneiden und mit Vanillesauce (siehe Seite 26) und Sauerrahmeis servieren.

ZUBEREITUNG SAUERRAHMEIS

Alle Zutaten verrühren und in einem hohen Gefäß einfrieren; während des Gefriervorgangs sehr oft umrühren.

Marillensüppchen mit Joghurtschaum

ZUTATEN FÜR 4–6 PERSONEN

- 500 ml Wasser
- 250 g Zucker
- 500 g halbierte Marillen
- 2 EL Zitronensäure
- 1 g Agar Agar

Joghurtschaum:
- 500 ml Bio-Joghurt
- 300 ml Milch
- 100 ml Obers
- 100 g Staubzucker
- Saft von 1 Zitrone

ZUBEREITUNG

Wasser mit Zucker aufkochen, Marillen, Zitronensäure und Agar Agar beigeben, nochmals kurz aufkochen, mixen und passieren. Nach Belieben mit etwas Amaretto abschmecken. Für den Joghurtschaum alle Zutaten gut verrühren, dann die Masse in eine ISI-Flasche halbvoll füllen und 1 Kapsel dazu drehen. Gut schütteln. Das Marillensüppchen in ein Glas geben und mit Joghurtschaum auffüllen (2/3 Marillensüppchen und 1/3 Joghurtschaum). Kalt servieren.

Tipp

Schmeckt auch sehr gut, wenn Sie das Süppchen warm (nicht heiß) und den Schaum kalt servieren.

Marillentopfen im Glas

ZUTATEN FÜR 4 PERSONEN

- 2 Eiweiß
- 2 EL Kristallzucker
- 8 halbe Marillen
- 100 g Mürbteigbrösel
- 100 g Baiser

Topfenmasse:

- 200 g Topfen 20 %
- 200 ml Bio-Joghurt
- 50 g Zitronensaft
- 70 g Staubzucker
- 3 Blätter Gelatine
- 200 ml geschlagenes Obers

Marillensauce:

- 300 ml Marillensaft
- ¼ Vanilleschote
- 40 g Maisstärke
- 1 g Agar Agar

ZUBEREITUNG

Für die Topfenmasse Topfen, Joghurt, Zitronensaft und Staubzucker verrühren und die eingeweichte aufgelöste Gelatine einrühren. Geschlagenes Obers unterheben und in Spritzsack füllen.

Für die Marillensauce Marillensaft mit Vanille, Maisstärke und Agar Agar verrühren, aufkochen und abkühlen lassen.

Eiweiß mit Kristallzucker zu Schnee schlagen. Topfenmasse abwechselnd mit Marillensauce und einigen Marillenstückchen in ein Glas schichten. Mit Mürbteigbrösel bestreuen und mit Marillenstückchen und wahlweise Schneetupfen (Baiser) garnieren.

Marillenmarmelade

ZUTATEN FÜR 8 GLÄSER À 0,32 L

- 3 kg Marillen
- 1,5 kg Kristallzucker
- 2 Zitronen
- Marillenschnaps

ZUBEREITUNG

Marillen entkernen und etwas zerkleinern, mit dem Zucker und dem Saft von 2 Zitronen vermischen und 6 bis 8 Stunden (über Nacht) ziehen lassen. Anschließend auf stärkster Stufe zum Kochen bringen und so lange sprudelnd kochen, bis es dickflüssig ist, dabei immer wieder abschäumen, dauert ca. 20 Minuten. Heiß in saubere Gläser füllen, mit etwas Marillenschnaps beträufeln, anzünden und verschließen.

Tipp

Der Topf muss sehr groß sein, damit durch die große Oberfläche die Flüssigkeit schneller verdampft und die Marmelade ihre schöne goldene Farbe behält.

Marillenröster

ZUTATEN FÜR 15–20 GLÄSER À 0,32 L

- 1,5 l Wasser
- 1 kg Zucker
- 3 kg halbierte Marillen
- 1 EL Zitronensäure
- 5 kg Marillen (Einlage)
- 2 g Agar Agar

ZUBEREITUNG

Für das Mark Wasser mit Zucker aufkochen, Marillen und Zitronensäure beigeben, nochmals kurz aufkochen, mixen und passieren. Die 5 kg Marillen kreuzweise einritzen, in kochendem Wasser kurz blanchieren, schälen und halbieren. 1 l Mark mit 2 g Agar Agar kurz aufkochen, mit den geschälten, halbierten Marillen vermengen, heiß abfüllen und bei 90° 7 Minuten ins Rohr geben.

Tipp

Wird am besten auf Vorrat zubereitet.

Marillenchutney

ZUTATEN FÜR 4 GLÄSER À 0,2 L

- 15 Marillen
- 62 ml Marillensaft
- 250 ml Orangenjuice
- 1 TL Curry scharf
- 1 TL Curry mild
- 1 EL Marillenmarmelade
- 1 kleine Ingwerwurzel
- Schuss Zitronensaft

ZUBEREITUNG

Früchte schälen, in kleine Würfel schneiden und mit Saft und Gewürzen aufkochen, wegstellen und auskühlen lassen, Marmelade dazugeben und mit geriebenem Ingwer und Zitrone abschmecken. In Gläser füllen und einige Tage ziehen lassen.

Tipp

Passt hervorragend zu Kalbsleber.

Marillenbrot

ZUTATEN FÜR 6–8 BAGUETTES

Zutaten Vorteig:

- 250 g Roggenmehl
- 250 g glattes Mehl
- 300 ml Wasser
- 1 Würfel Hefe (42 g)
- 10 g Salz

Zutaten Teig:

- 1350 g glattes Mehl
- 150 g Roggenmehl
- 51 g Salz
- 1 kg saftige getrocknete Marillen
- 700 g Mandeln ganz
- 70 g Blütenhonig
- Prise Koriander aus der Mühle
- 900 ml warmes Wasser

VORTEIG

Den Vorteig in der Küchenmaschine mit Knethaken rühren.

ZUBEREITUNG

Alle Zutaten bis auf das Wasser in einen großen Kessel geben, Vorteig und kurz vor dem Start das Wasser beigeben. Zu einem Teig verarbeiten. Baguettes formen, eine ¾ Stunde rasten lassen und bei 170° 35 Minuten backen. Die ersten 5 Minuten etwas Wasser in einem Blech unten hineinstellen oder -spritzen.

Tipp

Die Baguettes kann man auch einzeln verpackt einfrieren.

Marillenlikör

ZUTATEN FÜR 1 L

- 1 kg Marillen
- 500 g Kristallzucker
- 2 Nelken
- 500 ml Weingeist (96 %)
- 500 ml Wasser
- 250 ml Kognak

ZUBEREITUNG

Marillen halbieren, entkernen und in ein Glas füllen, 200 g Kristallzucker, 2 Nelken, 8 aufgeschlagene Marillenkerne dazugeben und mit 1/2 l Weingeist aufgießen, abdecken und bei Zimmertemperatur 4 bis 6 Wochen stehen lassen. Ab und zu gut durchschütteln.

Danach den Likör durch ein Leinentuch seihen, etwas ausdrücken. Der Fruchtrückstand wird mit 1/2 l Wasser aufgekocht und über 300 g Kristallzucker gepresst. Diese Zuckerlösung lässt man unter Abschäumen aufkochen und gießt sie über den Likör.

Nach gutem Durchmischen wird der Marillenlikör mit einem 1/4 l Kognak verfeinert; nochmals durch ein Tuch filtern und in Flaschen füllen.

Mindestens 6 Monate reifen lassen.

WACHAUER MARILLEN
LANDHAUS BACHER

Über die Autorin

Lisl Wagner-Bacher gilt als Grande Dame der feinen österreichischen Küche und hat mit dem Familienbetrieb »Landhaus Bacher« eines der besten Restaurants Österreichs etabliert. Ihre preisgekrönte Haubenküche wird über die Landesgrenzen hinaus geliebt, gelobt und geschätzt. Drei Hauben und eine Einladung zum Gourmet-Festival in St. Moritz, wo sie für ihr Dessert Standing Ovations entgegennahm, zählen zu ihren persönlichen Karriere-Highlights. Doch Hauben hin, Punkte her – die Keimzelle und der Ursprung aller Kreativität liegen für die Spitzenköchin in ihrer Familie und ihrem Landhaus in der Wachau.

MIX
Papier aus verantwortungsvollen Quellen
FSC® C012536
FSC www.fsc.org

 Satz aus der Hoefler Text und The Sans. · Medieninhaber, Verleger und Herausgeber: Red Bull Media House GmbH · Oberst-Lepperdinger-Straße 11–15 · 5071 Wals bei Salzburg, Österreich · Gestaltung und Satz: wir sind artisten · Textliche Mitarbeit: Alexander Rabl · Bilder: Cover: Michael Reidinger · Innenteil: Michael Reidinger

Printed in Austria
ISBN 978-3-7104-0198-5